Von innerer Fülle zu äußerem Gedeihen

Geburtshilfen für eine neues Wirtschaftssystem

Bücher von Harry Eilenstein:

- Über die Freude (100 S.)
- Die Chakren (100 S.)
- Astrologie (320 S.)
- Christus (60 S.)
- Der Lebenskraftkörper (230 S.)
- Muttergöttin und Schamanen (100 S.)
- Hathor und Re (650 S.)
- Eltern der Erde (450 S.)
- Kursus der praktischen Kabbala (150 S.)
- Blüten des Lebensbaumes:
  Band 1: Die Struktur des kabbalistischen Lebensbaumes (370 S.)
  Band 2: Der kabbalistische Lebensbaum als Forschungshilfsmittel (580 S.)
  Band 3: Der kabbalistische Lebensbaum als spirituelle Landkarte (600 S.)

Impressum:

Herstellung und Verlag: Books on Demand GmbH, Norderstedt

ISBN: 9783837040449

für Jupiter

Inhaltsverzeichnis

1. ... innehalten und betrachten ...

Manche Dinge sind so absurd, daß es gar nicht mehr auffällt: Arbeitslosigkeit zum Beispiel. Da sind Menschen, die arbeiten wollen, und diese Menschen wollen auch die verschiedensten Waren kaufen, dann gibt es genügend Land, Rohstoffe, Maschinen usw., um diese Dinge auch herzustellen – es ist also alles, da, was gebraucht wird, um genau das zu produzieren, was die Menschen auch haben wollen – aber es klappt nicht.

Die Menschen haben keine Arbeit, weil es sich für die Produzenten nicht lohnt, etwas für diese Menschen zu produzieren, weil sie es nicht kaufen könnten, eben weil die Betreffenden kein Geld haben, da sie keine Arbeit haben. Ein Kreislauf, ein Kurzschluß.

In der Marktwirtschaft gibt es kein Gleichgewicht – entweder die Konjunktur boomt und steigert sich immer weiter oder sie läßt nach und schrumpft immer weiter. Es gibt genau zwei Möglichkeiten:

<u>entweder:</u> viel Nachfrage => viel Produktion => viel Arbeit => viel Lohn => nach mehr Nachfrage => noch mehr Produktion ...

<u>oder:</u> wenig Nachfrage => wenig Produktion => wenig Arbeit => wenig Lohn => noch weniger Nachfrage => noch weniger Produktion ...

Das marktwirtschaftliche System steigert sich ständig in eine der beiden Richtungen: Beinahe-Stillstand der Wirtschaft oder Boom, Arbeitslosigkeit oder Arbeitskräftemangel.

Dies beruht darauf, das die Marktwirtschaft auf der Konkurrenz aufgebaut ist: Wer ist bereit am meisten zu zahlen? Wer kann das Produkt am billigsten herstellen? Wer kann seine Konkurrenz ausschalten? Wer kann das andere Unternehmen schlucken? Und Kämpfe haben am Schluß immer einen Sieger und einen Besiegten –

auch wenn die Kämpfer am Anfang in etwa gleich stark waren.

In der sozialen Marktwirtschaft versucht der Staat und die Bundesbank diese Steigerung in ein Extrem hinein abzufangen und zu regulieren, aber das klappt keineswegs immer.

Bei den verschiedenen Ansätzen zu dieser Regulierung streitet man sich lediglich darum, ob man die Produktion verbilligen (konservatives Lager) oder die Nachfrage, d.h. die Löhne erhöhen (soziales Lager) soll – aber beide Ansätze bleiben innerhalb diesem „System des Wettkampfes" und streiten sich auch untereinander – eben Wettbewerb ...

Offensichtlich ist die Arbeitslosigkeit aber eine wirtschaftliche „Krankheit" die sich nicht durch weitere Konkurrenz, sondern nur durch Kooperation heilen läßt – es besteht die Notwendigkeit, die Arbeitswilligen, die anstehende Arbeit, die benötigten Produkte und die Rohstoffe so zu koordinieren, daß sich daraus eben eine produktive Tätigkeit ergibt. Wie gesagt, es ist alles da, um die benötigten Dinge zu produzieren, wir sind nur nicht in der Lage, die Arbeiter, die Rohstoffe und den Bedarf der Menschen so zusammenzuführen, daß es zu einer produktiven Tätigkeit kommt.

Es wird also Kooperation statt Konkurrenz gebraucht.

Wer wohnt gerne in Hochhäusern oder in Wohnsilos? So ziemlich niemand ... Und warum gibt es solche Häuser, in denen eigentlich niemand wohnen möchte? Weil ihre Erbauer nicht in ihnen wohnen müssen, sondern weil sie durch diese Art von Häusern die größtmöglichen Mieteinnahmen erhalten.

Auch hier gibt es wieder den Wettstreit: die Mieter wollen eine möglichst schöne Wohnung zu einer möglichst niedrigen Miete haben – und die Vermieter wollen möglichst billig eine Wohnung produzieren und dann eine möglichst hohe Miete dafür erhalten. Was unter diesem Prinzip leidet ist natürlich die Wohnung ...

Es wäre also allen geholfen, wenn jeder die folgen seines eigenen Handelns (und Produzierens) tragen müßte.

Bei der Arbeit ist es ähnlich: Der Arbeitgeber will möglichst gute und schnelle Arbeit und möchte dafür möglichst wenig Lohn zahlen, während der Arbeitnehmer das Gegenteil will: möglichst leichte und wenig Arbeit und dafür hohen Lohn.

Zudem entwerfen die Arbeitgeber Arbeitsplätze, die kein Arbeitnehmer gerne einnehmen will – z.B. am Fließband.

Auch hier sind es wieder zwei Parteien, die in Konkurrenz zueinander stehen statt sich in Kooperation der Produktion von Waren zu widmen – worunter vor allem die Ware selber leidet.

Auch hier ist demnach die Kooperation erstrebenswert und ebenso das Prinzip, das der Verursacher auch die Folgen seiner Handlungen tragen sollte.

In der Warenproduktion ist die Situation noch absurder. Wahrscheinlich hat inzwischen jeder schon einmal davon gehört, daß inzwischen viele Waren mit Absicht so hergestellt werden, daß sie nicht lange halten (man denke mal an die Haltbarkeit eines alten VW-Käfers oder einer Uralt-Waschmaschine ...).

Die Motivation ist leicht verständlich: Wer Waren herstellt, die fast ewig halten, reduziert selber die Nachfrage nach den so hergestellten Produkten. Stellen Sie sich vor, eine Firma würde Rasierapparate herstellen, die 50 Jahre lang halten statt 5 – und die obendrein in diesen 50 Jahren auch nicht ständig neue Ersatzteile brauchen. Nach drei Jahren hätten alle einen solchen Rasierapparat und die Firma könnte für die nächsten 47 Jahre schließen, weil niemand mehr einen solchen Rasierapparat kaufen würde. Man kann die Firmeninhaber ja gut verstehen ...

Aber stellen Sie sich einmal vor, was es für eine Volkswirtschaft bedeuten würde, wenn alle ihre Produkte so haltbar wie nur möglich herstellen würden. Dann müßte zunächst für die einzelnen Produkte vielleicht doppelt so lange gearbeitet werden und es würden vielleicht doppelt so viele Rohstoffe gebraucht werden, aber wenn die Produkte dann zehnmal solange halten, wird für dieses Produkt auf Dauer gesehen nur noch ein Fünftel soviel Arbeit und auch nur noch ein Fünftel soviel Rohstoffe gebraucht.

Stellen Sie sich das einmal für die gesamte Produktion vor: Sie und alle anderen Arbeiter brächten nur knapp zwei Stunden am Tag zu arbeiten statt acht ... Unser Wirtschaftssystem ist offenbar zu einem „Selbstbeschäftigungsprogramm" geworden, weil wir es auf der Konkurrenz statt auf der Kooperation aufgebaut haben.

Wenn man aus dem Blick auf das Ganze heraus entscheiden und handeln würde, wäre man sich sehr schnell einig, daß man sechs Stunden Freizeit pro Tag der Herstellung von Produkten, die nicht lange halten, deutlich vorziehen würde.

Hier wird wieder die Kooperation als Lösung für das Problem gebraucht.

Aus den vorigen Beschreibungen ergibt sich schon, daß noch einige andere Krankheitssymptome, die in unserer Wirtschaftsform auftreten, ebenfalls auf das Konkurrenzprinzip zurückzuführen sind.

Ganz offensichtlich ist dies bei der Umweltverschmutzung. Bis vor ein paar Jahrzehnten war alles „weg", was man fortwarf – inzwischen ist den meisten bewußt geworden, daß die Erde ein weitgehend geschlossenes System ist und daß daher alle produzierten Gifte irgendwann mit der Nahrung zu ihrem Produzenten (und zu allen Menschen) zurückkehren. Es gibt kein „weg" auf unserer Erde, so wie man den Müll aus der Wohnung tragen kann – irgendwo begegnet man allem, was man fortgeworfen hat, wieder ...

In diesem Bereich hat sich inzwischen schon ein erfreuliches Maß an Verantwortungsgefühl entwickelt – vor allem, weil die Folgen so offensichtlich sind.

Ähnlich ist es mit dem Naturschutz und dem Artensterben, das ebenfalls recht vielen Menschen bewußt geworden ist, wobei sich hier hilfreicherweise die Notwendigkeit der Erhaltung der Natur, in der wir leben, und die romantischen Naturverbundenheit gegenseitig fördern.

Hier erstreckt sich die notwendige Kooperation auf die Erde als Ganzes, nicht nur auf die Menschen.

Die Begrenztheit der Rohstoffe ist vor allem beim Öl inzwischen durch die verschiedenen Ölkrisen der Öffentlichkeit immer deutlicher geworden.

Als Rohstoffalternativen gibt es Rapsöl, Hanf und verschiedene andere nachwachsende Rohstoffe, die zum größten Teil noch erforscht werden. Als Energieträger ist es ebenfalls das Rapsöl eine Alternative und vor allem die Sonnenenergie. Die Sonnenkollektoren sind eines der besten Beispiele für eine langfristige Lösung: die Sonne wird solange scheinen, wie es die Erde gibt und an Silizium für die Solarzellen besteht auf der Erde kein Mangel. Die Sonnenkollektoren sind im Grunde eine Nachahmung der Blätter der Bäume , Sträucher und anderen Pflanzen, die ihre Energie durch Photosynthese gewinnen.

Hier ist es weniger Kooperation als einfach die Einsicht in die natürliche Grenzen unseres Planeten und seiner Rohstoffe, die zu einem sparsameren Umgang mit den vorhandenen Ressourcen führen.

Die Überbevölkerung ist auch eines der Themen, die die Grenzen des Möglichen auf der Erde deutlich werden lassen: Die Fläche der Erde kann nur eine bestimmte Anzahl Menschen ernähren, weshalb die Anzahl der Menschen auf ihr begrenzt werden muß – wobei es wenig Sinn hat, diese Grenze nur von oben zu verordnen; sie muß eine Tatsache werden, die allen einsichtig ist und von daher das Verhalten aller Menschen lenkt. ... eine der schwierigsten Grenzen, wenn man die Heftigkeit des Sexualtriebes bedenkt ...

Die Notwendigkeit einer weltweiten Kooperation wird kaum irgendwo so deutlich wie bei der atomaren Bedrohung – inzwischen reichen die Atomsprengköpfe aus, um die gesamte Erdoberfläche mehrfach einzuschmelzen und zu Glas werden zu lassen ...

Im Prinzip ist dies inzwischen gut bekannt und es gibt auch an vielen Orten die Einsicht, daß dies ein unhaltbarer Zustand ist, aber die Angst vor den „Anderen" ist doch ziemlich groß und die Fortschritte bei der Abrüstung sind daher langsamer, als man es sich wünschen würde.

Die Kooperation beruht auf der Erkenntnis der Verbundenheit aller miteinander und auf der sich daraus ergebenden gegenseitigen Verantwortung füreinander. Die Verbundenheit tritt bislang aber oft auch alleine auf, ohne von der Verantwortung begleitet zu sein – Globalisierung.

Wenn diese Verbundenheit aller miteinander nicht von Verantwortung, sondern von Konkurrenz geprägt wird, entsteht kein globales Miteinander, sondern eben ein globaler Kampf – zwar meist wirtschaftlicher und nur selten militärischer Art, aber trotzdem mit verheerenden Folgen, wie die multinationalen Konzerne zeigen.

Diese Konzerne haben als Prinzip ausschließlich die Gewinnmaximierung und beuten daher Rohstoffe und Menschen gleichermaßen aus ... dies liegt einfach in der Logik der Marktwirtschaft.

Die Marktwirtschaft hat auch einen Aspekt, der leicht übersehen wird: Wenn die Waren immer zu dem gelangen, der am meisten dafür zu zahlen bereit ist, gelangen die Waren eben zu dem, der das meiste Geld hat und nicht zu dem, der sie am nötigsten braucht. Lesen Sie den Satz ruhig noch einmal: Die Waren gelangen zu dem, der das meiste Geld hat und nicht zu dem, der sie am nötigsten braucht. Kann das ein sinnvolles System sein?

Wenn die Waren immer zu den Menschen gelangen würden, die sie gerade am nötigsten brauchen, dann würde auf der Erde keine Menschen mehr verhungern ... Der Nutzen der Waren wäre auch am größten, wenn sie immer zu den Menschen gelangen würden, die am nötigsten brauchen.

Jeder Organismus hat diese Weisheit, in jedem Körper und in jeder Pflanze fließen die Stoffe dahin, wo sie am nötigsten gebraucht werden und sichern so die Weiterexistenz des Organismus. Aber unsere Volkswirtschaften handeln so, als ob jeder Mensch ein isoliertes Wesen wäre, daß mit allen anderen im Kampf liegt.

Das Geld ist wie ein Schleier, der sich vor die Realität gelegt hat: Wir wollen Geld, um uns Brot zu kaufen, wir bemessen alle Dinge in Euro, inzwischen betragen die reinen Geldgeschäfte mehr als 90% aller Vertragsabschlüsse auf der Erde. Wen wundert es da, daß das Geld im Zentrum des Interesses steht?

Jeder will Geld haben und tut eben das, wodurch er zu Geld kommt, statt auf das zu schauen, was er eigentlich erreichen will. In dieser Haltung ist die Konkurrenz (um Geld) schon fest eingebaut.

Stellen sie sich einmal vor, es gäbe an keiner Ware mehr Preise, sondern man würde einfach zu dem Handwerker gehen und mit ihm besprechen, was man braucht und zusammen überlegen, wie sich das am sinnvollsten herstellen ließe. Es würden schöne Wohnungen, haltbare Schuhe und schmackhafte und gesunde Brote entstehen ...

Das Geld hat auf die Dauer eine Entfremdung von der Realität entstehen lassen. Kennen Sie noch die Erzählungen ihres Großvaters, der auf dem Dorf gewohnt hat? Wenn dort jemand ein Haus gebaut oder renoviert hat, haben einfach alle Dorfbewohner mit angepackt, sodaß die Arbeit schnell getan war. Und wenn dann ein anderer aus dem Dorf eine neue Scheune brauchte, haben ebenfalls alle geholfen. Keiner dieser Bauern hätte das Geld gehabt, um Arbeiter für diese Bauten zu bezahlen – aber sie haben trotzdem ihr Haus und ihre Scheune erhalten ...

Wenn man sich die Begründung für unser marktwirtschaftliches System anschaut, zeigt sich das Hauptproblem dieser Wirtschaftsordnung:

Alle Rohstoffe sind knapp, deshalb gibt es nicht genug für alle.

Jeder hat nur eine begrenzte Menge Geld.

Wer etwas am dringendsten braucht, ist auch bereit, das meiste Geld dafür zu zahlen.

Wer seine Waren am billigsten herstellen kann, wird sie auch verkaufen können.

Jeder strebt nach maximalem Nutzen: möglichst wenig bezahlen bzw. möglichst viel erhalten.

Der Wettkampf zwischen den Interessen der Anbieter und der Käufer findet seinen Ausdruck im Preis der Ware, der aufgrund der Nachfrage und des Angebotes entsteht.

Das ganze marktwirtschaftliche System beruht auf der Annahme eines grundlegenden Mangels, aufgrund dessen sich alle um das, was da ist, streiten. Noch grundlegender ist die Annahme, das der Mensch ein Mangelwesen ist und nicht ein kreatives Wesen, das sich selber ausdrückt. ... eine eher pubertäre Einstellung ...

Wenn Sie ein wenig Erfahrung mit Psychologie oder mit Astrologie haben, werden Sie vermutlich wissen, daß die Auffassung, etwas von außen zu brauchen, um glücklich zu sein, eine Heilung der Psyche sehr gründlich verhindern kann.

Erst, wenn der Betreffende erkennt, daß er bereits existiert, daß er innerlich leuchtet, daß er sein Glück bereits in sich trägt und daß er sich in der Welt in jedem Augenblick als das ausdrückt und zeigen kann, was er wirklich ist, und dadurch sein inneres Glück finden wird, dann kann eine Heilung geschehen.

Die Grundlage der Heilung ist es, in sich zu ruhen. Buddha hat das schon vor 2.600 ausführlich und treffend beschrieben und alle andere Weisen sind zu demselben Ergebnis gekommen.

Wie wäre es mit einem Wirtschaftssystem, das nicht auf Mangel, „brauchen" und Konkurrenzkampf beruht, sondern auf Fülle, in-sich-ruhen und Kooperation?

2. Wie ist es zu dem, was heute ist, gekommen?

In der Altsteinzeit und bei den heutigen Sippen der Naturvölker ist das Wirtschaften sehr einfach: Alle sorgen zusammen für das Überleben der ganzen Familie bzw. Sippe.

In der Jungsteinzeit wurde die Angelegenheit komplexer, da nun nicht mehr nur ein Dutzend Menschen zusammenlebten, sondern aufgrund des Ackerbaus und der Viehzucht, die eine wesentlich bessere Ernährungsgrundlage ermöglicht hatten, nun einige Hundert Menschen eine Gemeinschaft bildeten. Es kam nun zu beruflichen Spezialisierungen, wodurch die einzelnen Waren, die insgesamt in der Gemeinschaft benutzt wurden, deutlich komplexer wurden, als vorher in der "Jäger und Sammler"-Sippe. Da auch sehr viel mehr Menschen beteiligt waren, wurde die Lage auch in dieser Hinsicht unüber-sichtlicher: Wer braucht denn wann was und wer hat schon wie viel erhalten?
So begann man zu tauschen statt einfach dem Bedürftigen zu geben wie vorher in der steinzeitlichen Sippe: Gibst du mir ein Handvoll Korn, gebe ich Dir fünf Möhren ...

Als die ersten Königreiche entstanden, weil es notwendig geworden war, die Bewässerung der Felder in großem Rahmen zu koordinieren, lebten nun wieder noch einmal sehr viel mehr Menschen zusammen – anfangs waren es einige zehntausend.
Wenn man nun den Warenfluß innerhalb eines Königreiches regeln wollte, brauchte man ein allgemeines Maß zur Feststellung des Wertes der vielen verschiedenen Waren. In vielen Fällen war dies eine bestimmte Menge Gold. Meistens war dies zunähst nur das Maß und man tauschte weiterhin Ware gegen Ware – im Alten Ägypten dauerte es z.B. gut 2.000 Jahre, bis aus dem „Goldmaß" auch tatsächlich Geld wurde, das man auch selber gegen Waren tauschte.
Es entstanden nun auch in verstärktem Maß Märkte, an denen sich

alle trafen, die etwas brauchten oder etwas verkaufen wollten. In den jungsteinzeitlichen Kulturen scheint es solche Märkte noch nicht in nennenswertem Maße gegeben zu haben, d.h. man ging eben zu dem Bauern oder dem Bäcker oder dem Zimmermann, von dem man etwas brauchte.

In dem Monarchie-Wirtschaftssystem wurde alles zentral vom König geregelt: Stände, Zünfte, Gesetze, Währung, Armenversorgung, Zoll ...

Die nächste Phase begann mit der Entdeckung neuer Länder, mit der Erkenntnis der Naturgesetze und mit der Erfindung neuer Maschinen: der auf der Naturwissenschaft beruhende Materialismus.

Nun entstand eine neue Grundhaltung: Man war nicht mehr Teil eines wohlgeordneten Ganzen wie in den Königreichen, wo alles zentral durch den König gelenkt wurde, sondern die Situationen ergaben sich aus dem freien Spiel der Kräfte: Demokratien, ungehemmte Eroberungen, alle Erfindungen werden auch benutzt, Industrialisierung, jeder kämpft für sich ...

Durch dieses Systems, in dem der Einzelne mehr denn je isoliert war, entstand auch mehr Armut als je zuvor.

Diesen Nachteil versuchte man durch eine größere Einflußnahme des Staates bei der sozialen Absicherung auszugleichen, wodurch die soziale Marktwirtschaft entstand.

Ein anderer Ansatz war der Kommunismus, der die gesamte Wirtschaft zentral lenken wollte, was allerdings das persönliche Engagement der Einzelnen bremste und zum anderen den Nachteil hatte, daß die gesamte Produktion zentral festgelegt werden mußte – was kaum möglich war. Zudem war dieser Ansatz der Versuch, beim alten System zu bleiben und sozusagen das Volk als den „besseren König", der alles zum Wohl aller zentral leitet, einzusetzen.

Da auch ein einzelnes Unternehmen wie ein Königreich zentral gelenkt wird und daher ab einer bestimmten Größe einen sehr großen Verwaltungs- und Planungsapparat braucht, entwickelte man

Unternehmensformen, in denen den einzelnen Tätigen oder Arbeitsgruppen eine weit größere Selbstständigkeit gegeben wurde – sie erhalten eine klare Aufgabe und müssen sich selber um die Durchführung kümmern („slim management"). Dies war ein erster Versuch, die Problematik der zentralen Lenkung in Unternehmen auf eine neue Weise zu lösen, die zumindest innerhalb festgelegter Grenzen auf Kooperation und Eigeninitiative beruhte.

Die Nachteile, die sich aus der Marktwirtschaft ergeben haben, prägen die Situation, in der wir uns gerade befinden: atomare Bedrohung, Überbevölkerung, Umweltzerstörung, Armut usw.

Es geht nun nicht darum, zu einem der früheren Wirtschaftssysteme zurückzukehren, sondern eine Lösung zu finden, in der alle bisher entwickelten nützlichen Erfindungen und Entwicklungen beibehalten können werden und gleichzeitig die durch sie entstandenen Nachteile aufgelöst werden können.

Dies ist so ähnlich wie mit einem Menschen, der sich im Laufe seiner Biographie zu dem entwickelt hat, was er heute ist und nun mit dem, was er ist und was er kann, zu einem heilen, glücklichen Menschen zu werden versucht. Das Alte ist da und die Vergangenheit kann auch nicht ausgelöscht werden, aber die Wunden können geheilt und eine Vision entwickelt werden.

3. Der Entwicklungsbogen

Wenn man versucht, den nächsten Schritt zu tun oder zunächst einmal zu verstehen, worin dieser Schritt denn bestehen könnte, ist es hilfreich, die innere Logik der bisherigen Entwicklung zu verstehen.

Zum Verstehen dieses Entwicklungsbogens gibt es eine hilfreiche Analogie zwischen der Kulturgeschichte und der individuellen Biographie.

1. Phase: Der Säugling lebt noch ganz verbunden mit allem, was es umgibt; er unterscheidet noch nicht zwischen Ich und Welt; er steckt alles in den Mund und er ist in gewisser Weise noch immer Teil der Mutter. Diese Entwicklungsstufe nannte Freud orale Phase.

Dies entspricht der Altsteinzeit, in der die Menschen inmitten der von ihnen noch ungeformten Natur lebten und in der die Mutter die zentrale Gestalt war, wie u.a. die Höhlenmalereien und die frühen Religionen zeigen.

2. Phase: Das Kleinkind beginnt Grenzen zu ziehen und Innen und Außen zu unterscheiden. Dies läßt sich in einem Wort zusammenfassen, wie jeder Vater und jede Mutter weiß: „Nein!" Diese Entwicklungsstufe nannte Freud anale Phase.

Dies entspricht der Jungsteinzeit, in der die Menschen Ackerland bestellten und Dörfer errichteten, sodaß es nun die grundlegende Unterscheidung zwischen Wildnis und Kulturland gab (das kleinkindliche Ja und Nein). Die in dieser Phase von dem Kleinkind erlernte Sprache entspricht der größeren Rolle, die nun die Sprache bei der Koordination spielt. Das von dem Kleinkind in dieser Phase erlernte Gehen entspricht der größeren Anzahl von Tätigkeiten, die in der Dorfgemeinschaft nun entstehen.

3. Phase: Das Kind will nun ständig seinen eigenen Willen durchsetzen, was man deutlich an dem Wort „Ich!!!" erkennen kann. Diese Entwicklungsstufe wurde von Freud phallische Phase genannt.

Sie entspricht ganz offensichtlich dem Königtum, das auch vollkommen zentral organisiert ist.

4. Phase: Der Jugendliche erprobt während seiner Pubertät seine Möglichkeiten und entdeckt seine Sexualität. Diese Entwicklungsstufe nannte Freud genitale Phase.

Die Parallele zur freien Marktwirtschaft, zum Materialismus, zur ungehemmter Erprobung aller Möglichkeiten in Wissenschaft, Erfindungen und Industriealisierung sind nicht schwer zu erkennen.

Aus dieser Analogie ergibt sich, daß die derzeit anbrechende Phase dem Erwachsensein entspricht, dem Gründen einer eigenen Familie. Das Bild, das die derzeit benötigte Wirtschaftsform prägen müßte, ist also die Auffassung der Menschheit und aller Lebewesen auf der Erde als einer großen Familie.

Dies bedeutet vor allem, daß man sich mit allen „Familienmitgliedern" verbunden fühlt und erkennt, daß das eigene Glück auch von dem Glück der anderen abhängt.

Daraus ergibt sich als Verhalten die bereits im ersten Kapitel beschriebene Kooperation – so wie sie idealerweise in einer Familie stattfindet. Oft ist sie in den Familien von Kämpfen, Süchten und Ängsten überlagert, aber in einem Mindestmaß ist sie doch vorhanden, denn sonst würden entweder einige Familienmitglieder sterben oder die Familie würde auseinander brechen.

Auch die bereits beschriebenen Grenzen finden sich in der Familie wieder: es gibt nur Raum für eine bestimmte Anzahl Personen, es ist nur eine bestimmte Menge Geld pro Monat zur Verfügung, Auseinandersetzungen müssen in einem kooperativen Rahmen stattfinden, wenn die Familie nicht zerbrechen soll usw.

Es geht also nun darum, das, was die Menschen privat in ihrer Familie bereits praktizieren (oder es zumindest anstreben), auf die Erde als Ganze auszuweiten.

Natürlich gibt es vermutlich nicht viele Familien, in der der Idealzustand erreicht worden ist, aber das ist zunächst einmal auch nicht notwendig – es kommt vor allem auf die „familiäre Grundhaltung" an, die jedem Menschen bekannt ist.

Diese Entwicklungsstufe könnte man in Anlehnung an Freud „adulte Phase" nennen.

Wen man diese Analogie zwischen Kultur und Biographie weiterdenkt, wird es vermutlich zumindest noch zwei weitere Phasen der menschlichen Zivilisation geben.

Die erste dürfte der Zeit in der Biographie entsprechen, zu der die Kinder groß geworden und ausgezogen sind, man sein Leben in materiellen Hinsicht weitestgehend geregelt hat und im Großen und Ganzen weiß, was man will. In dieser Zeit kann man zum Vorbild für andere werden, Aufgaben in einer größeren Gemeinschaft übernehmen und sich selber in neuen Bereichen ausdrücken, da man nun mehr Zeit und Erfahrungen zur Verfügung hat. Diese Entwicklungsstufe könnte man als „tutorale Phase", also die Phase des Lehrens bezeichnen.

In dieser Phase haben die Menschen offenbar bereits zu einer Lebensform auf der Erde gefunden, die ihre eigenen Grundlagen nicht mehr zerstört und dauerhaft sein kann. Die weitere Entwicklung in dieser Phase besteht vor allem in dem Schaffen von Freiräumen und neuen Möglichkeiten und nicht mehr so sehr in der Sicherung des Lebensunterhaltes.

Die zweite Phase, die man aufgrund der Analogie zwischen kultureller Entwicklung und Biographie noch erwarten kann, entspricht dem hohen Alter, der „geronten Phase". Zu dieser Zeit werden die meisten Menschen weniger aktiv, aber dafür beschaulicher – es ist die Phase in der man allerspätestens anfängt, über den Tod nachzudenken, und über das, was vor dem eigenen Leben war und über das, was nach dem eigenen Leben kommen wird. Diese Phase ist die Zeit der Spiritualität und der Weisheit.

Eine solche von Weisheit geprägte Lebensform der Menschheit liegt noch in weiter Ferne, aber unsere Nachkommen werden sie wohl irgendwann erreichen.

Kultur	Biographie	Phase	Urbild
Altsteinzeit	Säugling	orale Phase	Säugling
Jungsteinzeit	Kleinkind	anale Phase	Wanderer
Königtum	Kind	phallische Phase	König
Materialismus	Jugendlicher	genitale Phase	Unternehmer
derzeit beginnende Entwicklung	Erwachsener	adulte Phase	Erwachsener
Zukunft I	älterer Mensch	tutorale Phase	Lehrer
Zukunft II	alter Mensch	geronte Phase	Weiser

4. kollektives Erwachsenwerden ...

Die Qualität des Erwachsenwerdens zeigt sich zumindest schon ansatzweise in den verschiedensten Bereichen wie dem Umweltschutz, der Abrüstung und den (noch ziemlich spärlichen) Bemühungen um eine Eingrenzung der Bevölkerungsexplosion, den schonenden Umgang mit den Rohstoffen und der Entwicklung und dem Einsatz regenerierbarer Energien.

In manchen Bereichen zeigt sich zunächst einmal nur die Erkenntnis und die Nutzung der Abgrenzungslosigkeit, des Kontinuums, der Verbundenheit aller Dinge miteinander, der „globalen Interdependenz" - was alles verschiedene Begriffe für das Phänomen sind, daß nichts isoliert von allem anderen existiert.

Dies ist z.B. in der Physik der Fall, in der man festgestellt hat, daß jeder Beobachter eines Vorganges auch einen Einfluß auf den beobachteten Vorgang hat. Des weiteren zeigt sich in der Physik immer deutlicher, daß es nur eine einzige „Grundsubstanz" gibt, die die eigentliche Essenz aller Phänomene ist und auf die sich alle Phänomene zurückführen lassen: die Raumzeit. Vereinfacht gesagt ist jede Energie eine Krümmung der Raumzeit und jedes Atom ist „kondensierte Energie".

Auch in der Politik findet sich diese Entwicklung wieder: in der UNO, in der Zusammenarbeit der Staatengemeinschaft nach Naturkatastrophen u.ä., in internationalen Konferenzen und Hilfsorganisationen. Oft ist hier zwar die Erkenntnis der gegenseitigen Abhängigkeit vorhanden, aber die Organisationen haben zu wenig Einfluß, um wirklich wirksam zu werden.

In der Wirtschaft ist es besonders deutlich, daß zwar

inzwischen alle Staaten wirtschaftlich miteinander verbunden sind, aber die Verantwortung für das Ganze sich noch nicht im selben Maße entwickelt hat. Besonders deutlich wird dies bei den multinationalen Konzernen, die zwar überall tätig sind, aber vom Gewinnstreben und nicht von Verantwortung für das Ganze gelenkt werden.

In der Religion gab es schon immer den Blick auf das Ganze: zum einen durch das Gebot der Nächstenliebe und der gegenseitigen Hilfe und zum anderen als spirituelle Erfahrung des Kontinuums. Dies wird insbesondere im Buddhismus deutlich beschrieben.

Aufgrund dieser Erlebnismöglichkeiten kann man die Welt als zweiseitig beschreiben – von außen her betrachtet ist sie die Vielheit der Materie und von innen her betrachtet ist sie das Bewußtsein in allen Dingen, das in seiner Essenz eins ist und nur durch Bewußtseinsschwellen in Individuen aufgeteilt ist. Diese Einheit der Dinge kann man ganz konkret in der Meditation erleben.

Wenn die neue Wirtschaftsform als Teil eines neuen Weltbildes eine Analogie zu den Erwachsenen ist, die eine Familie gegründet haben, dann kommt im Zusammenhang mit der Entstehung dieses neuen Wirtschaftssystemes offenbar die Weiterentwicklung der Beziehungen zwischen den Menschen eine ganz besondere Rolle zu. Man kann soweit gehen zu sagen, daß die für die neue Wirtschaftsform notwendige Grundhaltung sich in den Partnerbeziehungen zwischen Frauen und Männern entwickelt.

Die Partnerschaft zwischen Mann und Frau ist die engste gleichberechtigte Beziehung zwischen Menschen, weshalb nur hier neue Formen des Zusammenlebens entwickelt werden können, die wirklich tragfähig sind. Wenn die neuen Verhaltensweisen nur Theorien sind und nicht die Alltagsprobe in einer Beziehung bestehen können, eigenen sich sich auch nicht als Grundlage eines neuen Wirtschaftssystems.

In einer Wirtschaftsordnung, die als Ziel ein sinnvolles Verhalten innerhalb einer Gemeinschaft hat, in der alle eng miteinander verbunden sind, kann es keine theoretische Lösung geben, können keine Verordnungen weiterhelfen, sondern nur die Einsicht und die innere Reife der Beteiligten. Was würde denn auch in einer Familie ein Vater helfen, der zwar Psychologie und Sozialwissenschaft studiert hat, aber selber noch voller Ängste und Süchte steckt – er könnte sicherlich nur mit sehr viel Mühe ein guter Familienvater sein, wenn es ihm denn überhaupt gelingt ...

Daher liegt das Fundament der anstehenden neuen Wirtschaftsordnung vor allem in der inneren Reife der Menschen begründet. Es ist zu hoffen, daß diese Reife durch die wirtschaftlichen und politischen Probleme schnell genug gefördert werden wird.

Die Verbundenheit aller Teile des Systems, die ein wesentliches Merkmal des neuen Weltbildes und des neuen Wirtschaftsystems sein wird, bezieht sich nicht nur auf alle Menschen (und Tiere und Pflanzen und Bodenschätze) untereinander, sondern auch auf alle Teile der Psyche eines Menschen – das Kontinuum besteht nicht nur nach außen hin, sondern auch nach innen hin.

Dies bedeutet, daß die Heilung der Psyche des Einzelnen letztlich eine Veränderung seines Verhaltens seinen Mitmenschen gegenüber und somit die neue Wirtschaftsordnung entstehen lassen wird.

Zu dieser inneren Abgrenzungslosigkeit gehört auch die Integration der verschiedenen Schichten der Psyche: die Mutterbezogenheit des Säuglings, die Abgrenzungsfähigkeit des Kleinkindes, die Entwicklung eines eigenen Willens durch das Kind, das Erproben der eigenen Fähigkeiten des Pubertierenden und schließlich die Verantwortlichkeit des Erwachsenen.

Jede dieser Phasen steuert eine wesentliche Eigenschaft bei, die notwendig ist, um erwachsen werden zu können:

Aus dem Säuglingsalter stammt die Geborgenheit, das Urvertrauen und das innere Bild der Mutter, bei der man Schutz, Nahrung, Wärme und Nähe findet. Ohne dieses Urvertrauen hat man es schwer in der Welt und neigt entweder zu Sucht oder zu Askese.

Aus dem Kleinkindalter stammt das Erlebnis, daß man Ja und Nein sagen kann, das man handlungsfähig ist, daß man eine eigene Stärke hat, durch man die Dinge gestalten kann. Ohne diese eigene Stärke in sich zu spüren und auf sie vertrauen zu können, wird man entweder in Machtstreben oder in Ohnmacht fallen.

Aus dem Kinderalter stammt die Entwicklung des Willens, des Ichs, der Selbständigkeit. Ohne diese Selbst-wahrnehmung und diese Selbstliebe wird man entweder in Minderwertigkeitskomplexe oder in Größenwahn geraten.

Aus der Pubertät stammt schließlich die genaue Kenntnis über die eigenen Fähigkeiten und auch die genaue Kenntnis über die Weise, in der die Welt funktioniert, sodaß ein sinnvolles Handeln mit überschaubaren Handlungsergeb-nissen möglich wird. Ohne diese Selbst- und Welterfahrung wird man entweder zu dem ewigen Verlierer oder man isoliert sich ganz von der Welt.

Diese vier Qualitäten bauen aufeinander auf:

Ohne Urvertrauen kann man keine Grenzen ziehen, da man dann ja verzweifelt nach Kontakt und Nähe und Geborgenheit sucht.

Ohne klare Grenzen kann man kein Ich entwickeln und

somit auch keine Selbstliebe, da man dann Innen und Außen gar nicht klar unterscheiden kann.

Ohne Selbstliebe ist es nicht möglich, nach einem umfassenden Selbstausdruck zu streben und dabei dann die eigenen Fähigkeiten und das Wesen der Welt zu ergründen.

Die Entwicklung der neuen Wirtschaftsweise setzt somit bei der Heilung des Einzelnen an. Aus dieser Heilung heraus können sich dann auch die Beziehungen weiterentwickeln und die kleinste Einheit des neuen Wirtschaftssystems werden.

5. Neue Regeln? Revolution? - Neue Haltung!

Bei einer zentralen Lenkung wie im Königtum oder im Kommunismus oder auch der teilweisen zentralen Lenkung wie in der sozialen Marktwirtschaft ist es naheliegend, zunächst einmal an neue Regeln zu denken, wenn etwas verändert werden muß. Wenn die angestrebte Verhaltensweise jedoch letztlich auf dem Verantwortungsbewußtsein beruhen muß, um funktionieren zu können, helfen Regeln nicht weiter, da die Einsicht und das Engagement jedes Einzelnen benötigt wird.

Ebenso ist eine Revolution nur dann sinnvoll, wenn ein Regelsystem durch ein anderes abgelöst werden soll – und Verantwortungsbewußtsein läßt sich nicht verordnen.

Das, was gebraucht wird, ist Einsicht in die Situation, in die Zusammenhänge und dann eine neue Handlungsweise, also eine neue Einstellung zu der Welt. Glücklicherweise haben wir ja alle die Familie als Vorbild – auch wenn in den Familien in der Regel so einiges schiefläuft, so ist sie doch zumindest ein Vorbild für das Streben nach gemeinsamem, sinnvollem Handeln.

Es gibt auch noch ein anderes Vorbild. Alle Science-Fiction-Romane enthalten irgendwo einen „Planeten der Weisen", auf dem alle Menschen in Frieden und gegenseitiger Hilfe miteinander leben und offenbar den weitaus größten Teil ihrer Ängste, Süchte und Traumata geheilt haben. Dieses Bild scheint eine sehr starke Vision zu sein, denn sie taucht auch noch an vielen anderen Stellen auf wie z.B. im Herrn der Ringe bei den Elfen oder in den Comics im Land der Schlümpfe.

Das typische an all diesen Phantasie-Kulturen ist, daß das Verhalten nicht mehr von dem individuellen Egoismus, sondern von dem kollektiven Egoismus gelenkt wird – an die Stelle des „kurzsichtigen Egoismus" ist durch die Einsicht in die Zusammenhänge der „weitsichtige Egoismus" getreten, der das Wohl des Ganzen immer im Auge behält.

In diesen Kulturen leben die Menschen (bzw. Elfen oder Schlümpfe) aus einem Grundgefühl der Fülle heraus und nicht wie wir aus einem Grundgefühl des Mangels.

Daraus ergibt sich als weiteres Merkmal Leichtigkeit, innere Weite und Freude. Da die Menschen in diesen Visionen aus der Fülle heraus leben, ist Schenken und Großzügigkeit für sie etwas völlig Normales – die Dinge sollen einfach dorthin kommen, wo sie gebraucht werden. Dies ist die natürliche Haltung in einer Familie und auch in jedem Organismus. Aufgrund des Lebens aus einer inneren Fülle heraus ist auch Teilen und gemeinsames Benutzten von Dingen etwas selbstverständliches.

Woher kommt nun diese innere Fülle? Wenn man sich nicht mehr als etwas Abgegrenztes erlebt, ist man mit allem verbunden und lebt aus dem Ganzen heraus – kann es eine größere Fülle geben? Nun klingt dies vielleicht ja ein wenig theoretisch, aber dieser Zustand ist ganz real möglich. Fast alle Heilige, Yogis und andere fast- oder ganz-Erleuchtete haben aus diesem Zustand der Fülle heraus gelebt.

Es gibt noch eine andere Möglichkeit, diese Fülle zu erfassen: Für die neue Weltanschauung und das neue Wirtschaftssystem spielt die Verantwortung eine zentrale Rolle. Verantwortung bedeutet, daß man alles andere mitbeachtet und mitträgt. Wenn dies nun alle tun, wird man auch von allen anderen beachtet und mitgetragen – und was könnte eine größere Fülle bedeuten als dieses Gesehenwerden und Getragenwerden? Verantwortung und Vertrauen sind nur zwei Betrachtungsweisen derselben Haltung.

Nun bedeutet die Auflösung der gewohnten Grenze zwischen Ich und Welt ja auch eine größere Herausforderung an den Menschen. Wir sind es gewohnt, uns durch die Grenze unserer Haut zu definieren, aber ist diese Grenze wirklich real?

Wenn ich einen Apfel in meiner Hand halte, ist er „außen/fremd". Wenn ich ihn gegessen habe, ist er „innen/Ich" ... Der Fingernagel an meiner Hand ist „Ich", wenn ich ihn aber ein Stückchen abschneide, ist das abgeschnittene Stückchen plötzlich „außen" ... In mir ist keine

Substanz, die nicht von außen gekommen wäre und nicht irgendwann wieder nach außen geht.

Daher wird in der neuen Weltanschauung, die auf Zusammenhängen, Kooperation und Abgrenzungslosigkeit beruht, das Ich nicht mehr durch seine Grenze, sondern durch seine Qualität definiert sein. Das Ich ist dann ein „selbstorganisiertes Muster in einem Kontinuum". Auch diese Art der Selbstwahrnehmung ist ganz real: Dieses Erlebnis des Kontinuums wird von vielen Mystikern beschrieben.

Zu diesem Erlebnis gibt es eine logische Vorstufe: Wenn alles abgrenzungslos ist, dann ist auch alles wahrnehmbar. Da dies auch für die eigene Psyche gilt, bedeutet das, daß man in dem Augenblick, in dem man den Zustand der Abgrenzungslosigkeit erreicht, alle eigenen Ängste, Süchte und Traumata wahrnimmt. Es ist nicht verwunderlich, daß im tibetischen Buddhismus Wert darauf gelegt wird, diesen Zustand nur ganz langsam zu erreichen, da man sonst einen „Horrortrip" erleben würde. Daher gibt es als Vorstufe zu der Abgrenzungslosigkeit die „Durchsichtigkeit".

Diese „Durchsichtigkeit" bedeutet einfach die Wahrnehmung dessen, was ist – eigentlich nichts Besonderes, aber doch etwas sehr Schweres. Diese Durchsichtigkeit bedeutet, daß man hinschaut und zuläßt, was man sieht – sich selber, den anderen, die Welt ...

Nach und nach kann man so alle „Verliese" öffnen und das Verdrängte wieder sehen und integrieren, sodaß man selber für sich wieder durchsichtig und wahrnehmbar wird.

Daraus läßt sich schließen, daß auch der Übergang zu der neuen Wirtschaftsform ein Prozeß wie die Heilung einer Psyche sein wird.

Das Auftreten dieser Durchsichtigkeit in Wirtschaftsprozessen ist ein sicheres Merkmal, daß sich die Wirtschaftsform zu einem „erwachsenen Wirtschaftssystem" weiterentwickelt. Die Durchsichtigkeit kann alles betreffen: die Gehälter, die Entscheidungsfindungen, die Inhaltsstoffe von Waren, die Besitzverhältnisse ...

Es würde sich schon viel ändern, wenn wir aufhören würde, so viel zu verbergen – wobei das Verbergen z.T. mit gutem Grund geschieht, wenn man z.B. jemanden übervorteilt hat, und z.T. auch ohne Grund einfach aus Gewohnheit. Stellen Sie sich einmal vor, es gäbe nicht mehr das grundlegende Gefühl des Mangels – müßte dann noch jemand etwas von sich und seinen wirtschaftlichen Aktivitäten verbergen?

Wenn man an Abgrenzungslosigkeit denkt, kann es schon passieren, daß man fürchtet, seine eigene Individualität zu verlieren. Aber hier handelt es sich nicht um Normierung und Gleichschaltung oder gar völlige Selbstauflösung, sondern nur um die Wahrnehmung, daß man tatsächlich mit allem verbunden ist. Daraus ergibt sich im Gegenteil eine Wertschätzung des Individuums, denn wenn sich niemand mehr durch Grenzen und durch Macht schützen kann, dann gibt es nur ein einziges sinnvolles Verhalten: Jeder achtet seine eigene Individualität und die aller anderen.

Das Erreichen dieser neuen Weltanschauung und Wirtschaftsform wird zu einer viel größeren Buntheit führen, weil die Menschen ihre eigentliche Individualität zeigen werden. Das bedeutet natürlich nicht die Aufhebung jeglicher Privatsphäre, sondern „ganz einfach" die Heilung der Ängste und Süchte und Traumata, aufgrund derer man sich verbirgt und verstellt. Es wird ein sehr viel freieres Lebensgefühl sein ...

Dann wird man endlich aus seiner kreativen Mitte heraus leben und nicht mehr aus dem Gefühl des Mangels heraus. Dann wird jede Situation einfach eine Möglichkeit sein, sich selber auszudrücken, sich selber zu zeigen. Die Auflösung aller scheinbaren Abgrenzungen, die ja nur in unserer Vorstellung existieren und daher Illusionen sind (wenn auch ziemlich haltbare), wird dazu führen, daß jeder in sich seine kreative Quelle entdeckt und aus seinem Herzen heraus leben wird.

6. Magie und Ökonomie

Vielleicht fragen Sie sich, was Magie denn nur mit Ökonomie zu tun haben kann. Vielleicht fragen Sie sich auch, ob es überhaupt Magie gibt. Oder Sie sind überzeugt, daß es keine Magie gibt. Möchten Sie vielleicht trotzdem weiterlesen? Es gibt für diese etwas ausgefallene Kombination von Magie und Wirtschaftssystem eine natürliche Erklärung ...

Kennen sie das: Sie gehen durch die Stadt und plötzlich ist Ihnen komisch und Sie drehen sich um und sehen hinter sich einen Bekannten, der Sie auch gerade entdeckt hat und sie voller Freude intensiv angeschaut hat? Oder die Mutter, die spürt, daß mit ihrem Kind etwas nicht stimmt, obwohl sie es gar nicht sehen oder hören kann? Oder man ruft jemanden an und es ist immer besetzt – weil dieser jemand zu demselben Zeitpunkt versucht hat, Sie anzurufen? Das ist Telepathie – und die genügt erst einmal als Grundlage für die folgenden Betrachtungen.

Kennen sie das Phänomen, daß man sich manchmal so nebenher etwas wünscht und genau das tritt dann auch ein? Oder sie schauen ihrem Sohn zu und denken „Junge, sei bloß vorsichtig und fall nicht vom Stuhl!" – und schon ist er runtergefallen?

Das, wodurch ein inneres Bild telepathisch auf Reisen geschickt wird, ist das klare Bild von der Botschaft, die verschickt werden soll, und das mit ihm verbundene Gefühl. Dabei drückt das Bild die Qualität und die Information aus und das Gefühl ist der „Treibstoff".

Dieses Wünschen funktioniert am besten, wenn das Wünschen entweder ganz unverkrampft so nebenher geschieht oder wenn es ganz entspannt ist, weil es völlig von Vertrauen getragen wird. Dieses Vertrauen ist nun wiederum eine der wesentlichen Eigenschaften des hier betrachteten neuen Weltbildes und der damit zusammen-hängenden Wirtschaftsform.

Diese Art von Wünschen gibt es auch in einer beabsichtigten und konzentrierten Form, die man im allgemeinen Magie nennt. Dabei konzentriert man sich kurz und intensiv auf das Gewünschte und schickt diesen bildhaft vorgestellten Wunsch dann sozusagen wie einen Boten aus, damit er das Gewünschte herbeiholt. Die bekannteste (und nicht gleich als Magie erkenntlich) Variante sind sicherlich die „Bestellungen beim Universum" von Bärbel Mohr.

Dieses Wünschen ist auch aus einer anderen Ecke her als dieser „magischen Wunscherfüllung" gut bekannt – und nicht besonders beliebt: der Wiederholungszwang. Man trägt bestimmte Erwartungen und Bilder in sich und diese Bilder setzen sich in dem eigenen Leben so lange immer wieder in Realität um, bis man sie aufgelöst hat: man trifft immer wieder dieselbe Art von Männern oder Frauen, die Chefs haben alle dieselbe Macke, die Wohnungen immer denselben Fehler usw. Aber auch bestimmte gute Dinge wiederholen sich immer wieder: man hat stets gute Freunde, findet leicht einen guten Job, findet immer jemanden, der einem weiterhilft usw.

Hier zeigt sich im großen Stil, daß das Innen das Außen prägt. Die inneren Bilder werden permanent nach außen gesandt und holen von dort Entsprechungen zu diesen Bildern in das eigene Leben. Diese allgemeine Übereinstimmung des Außen mit dem Innen liegt in der Möglichkeit der Telepathie begründet, also in der Möglichkeit einer nicht-materiellen Verbindung zwischen zwei Lebewesen oder einem Lebewesen und einem Gegenstand.

Da die Gesamtheit der inneren Bilder ständig ausgesandt wird und nicht nur der einzelne bewußte Gedanke (Telepathie), wird so die eigene Umgebung zu einem genauen Abbild der eigenen Erwartungen und Befürchtungen ... Der Mensch erschafft sich sein Leben selber.

Telepathie ist die kleinste Einheit dieses Zusammenhanges und die „magische" Gestaltung der eigenen Umwelt durch die inneren Bilder ist die mittlere Einheit dieses Zusammenhanges. Wie sieht es nun aus, wenn man die ganze Menschheit unter diesem Gesichtspunkt betrachtet?

Zunächst einmal läßt sich beobachten, daß sich immer die Leute treffen, die in das innere Schema des anderen passen und auch daß die

Lebensumstände und die Menschen, die eben diese Lebensumstände aufgrund ihrer inneren Bilder erwarten, sich mit großer Sicherheit finden.

Wenn nun ein Mensch z.B. ein Fahrrad braucht und volles Vertrauen hat, daß er immer auch alles bekommt, was er braucht, dann wird er im Laufe des Tages jemanden treffen, der sein altes Fahrrad nicht mehr benötigt und verschenken will. Das ist kein theoretischer Fall – ich kenne das aus meinem eigenen Leben und aus dem von anderen Menschen sehr gut. Und es ist auch kein seltener Glücksfall – es funktioniert ausgesprochen verläßlich. Wenn Sie nun meinen, daß das dann ja Magie sei, dann kann ich ihnen nur von ganzem Herzen zustimmen – aber Magie ist ja auch durchaus real. Nehmen Sie einfach die Telepathie als kleinsten Baustein der Magie und überlegen Sie einmal, welche Möglichkeiten sich daraus alles ergeben.

Da dieses „Wünschen und Erhalten" bei jedem Menschen ständig funktioniert, wie die Übereinstimmung von inneren Erwartungen und äußeren Gegebenheiten zeigt, kann man die Auswirkung dieser Fähigkeit auch einmal im großen Stil betrachten – wobei sie natürlich umso effektiver wird, je bewußter die Menschen mit diesen kreativen inneren Vorstellungen, die die entsprechenden äußeren Umstände herbeiführen, umgehen können. Was würden sie von dem Konzept einer Telepathie-Logistik für die gesamte Volkswirtschaft halten?

Im Prinzip gibt es das ja schon: jeder findet die Menschen, Lebensumstände und Situationen, die er aufgrund seiner inneren Bilder erwartet. Das einzige, was fehlt, ist also nicht die Fähigkeit der telepathischen Gestaltung des Außen durch das Innen (denn das geschieht in jedem Augenblick bei jedem), sondern das Bild der inneren Fülle, denn sonst erwartet man in seinem Leben den Mangel, was natürlich bedeutet, daß man sich die Enttäuschung telepathisch herbeiruft.

Wenn also alle Menschen ein inneren Bild der Fülle hätten, würde das Prinzip der volkswirtschaftlichen Koordination durch Telepathie spontan in Erscheinung treten. Es ist daher eine zentrale Frage, wie das innere Bild der Fülle entstehen kann – zumal noch immer täglich tausende von Menschen auf der Erde verhungern.

Die Lösung dieser Frage kann man eigentlich nicht erklären, sondern nur erleben. Sie ist der Kern der Heilung in jeder Therapie und in jedem Beratungsgespräch: Es gibt in jedem Menschen eine kreative Quelle, die sich ausdrücken möchte, die die Welt als eine Gelegenheit begrüßt, sich selber zu erfahren, die einfach eine Quelle von Lebendigkeit und Freude ist.

Das „Erkenne Dich selbst" auf dem Tempel des griechischen Orakels in Delphi hat diese Weisheit schon vor 2.500 verkündet. Entsprechende Aussagen findet man in jeder spirituellen Lehre und in jedem Weisheitsbuch – und es ist unwahrscheinlich, daß sich solch eine zentrale Aussage über Jahrtausende hinweg in völlig verschiedenen Kulturen hätte halten können, wenn ihr nicht eine Realität zugrunde liegen würde.

Wenn Sie möchten, können sie diese innere Quelle auch als ihre Seele auffassen – als das, was sich in jedem Ihrer Leben aufs neue inkarniert oder auch nur dieses eine Leben führt, wenn Sie die christliche oder islamische Auffassung vorziehen.

Das bedeutet, daß die neue Wirtschaftsweise dann entstehen wird, wenn die Psychen der Menschen geheilt sind und jeder wieder Kontakt zu seiner eigenen Seele gefunden hat und aus diesem Erleben heraus sich nicht mehr als ein Mangelwesen erlebt, das die von der Werbung versprochen Güter braucht, um erfüllt zu sein, sondern als eine leuchtende Sonne, die sich in jedem Augenblick selber erlebt und ausdrückt.

Aus der Heilung der Psyche und dem Handeln aus der Seele heraus ergibt sich von selber die neue magisch-ökologische Handlungsweise in der Ökonomie.

Nun könnte man ja sagen, daß das ja schön und gut ist, aber daß man vermutlich lange warten kann, bis die Psychen aller Menschen geheilt sind. Diese allgemeine Heilung wäre natürlich eine sehr große Voraussetzung, aber man braucht dafür zum Glück nicht bei Null anzufangen, da es bereits viele Therapien und auch sehr viele spirituelle Methoden gibt, die alle auf diese Art der Heilung hinstreben. Und diese Methoden waren noch nie so allgemein zugänglich und auch gesellschaftsfähig wie heute. Dazu kommt zudem, daß die Notwendigkeit für einen Wandel des menschlichen Verhaltens auf der ganzen Erde inzwischen so offensichtlich geworden ist.

7. ”Graswurzelevolution”

Aus den vorigen Betrachtungen ergibt sich, daß die neue Weltanschauung nicht von einem Einzelnen erfunden werden wird und auch nicht von einem Einzelnen Machthaber verordnet werden kann, sondern daß dies eine kollektive Entwicklung ist.

Letztlich entsteht sie durch die persönliche Weiterentwicklung und Heilung der einzelnen Menschen. Natürlich gibt es viele Menschen, die sich auch theoretisch mit der Aufgabe der Erschaffung einer neuen Lebensweise auseinandersetzen und dabei die verschiedensten Bereiche erforschen und die verschiedensten Entwürfe vorlegen, aber man sollte unter diesen Entwürfen nicht nach der einzig richtigen Vorstellung suchen. Auch meine eigenen Betrachtungen in diesem Buch sind nur ein Ansatz von vielen – wenn er Sie zu eigenem Nachdenken oder gar Handeln inspiriert, ist er gut, und wenn nicht, dann war er nicht besonders hilfreich.

Alle Ansätze, die den einen oder anderen Bereich weiterentwickeln, sind Puzzlesteinchen eines komplexen Bildes, das sich entfaltet: ein Erfolg bei Abrüstungsgesprächen, eine neue Therapiemethode, eine effektivere Siliziumzelle für die Sonnenkollektoren ... es ist eine kollektive Entwicklung.

Sie beginnt vor allem mit der Heilung der eigenen Psyche, die dann lebendigere und freiere Beziehungen zwischen Männern und Frauen ermöglicht und dadurch Familien entstehen läßt, die Kinder mit weit weniger psychischen Problemen heranwachsen läßt als das heute noch der Fall ist. Und auf dieser Grundlage entsteht dann allgemein ein neues Verhalten der Menschen, das schließlich ohne eine Revolution oder eine plötzliche Veränderung zu einer neuen Weltsicht und einem neuen Wirtschaftssystem überleitet.

Kennen Sie das Experiment „der 100ste Affe"? Auf einer Insel lebte eine große Schar Affen, die sich unter anderem von den Kartoffeln ernährten, die die Verhaltensforscher ihnen an einem Flußufer auslegten, um sie dorthin zu locken und besser beobachten zu können.

Eines Tages kam ein Affe auf die Idee, die Kartoffel im Fluß zu waschen, bevor er sie aß.

Eine ganze Weile später ahmte ein anderer Affe dieses Verhalten nach und dann wieder der eine und der andere Affe. Schließlich waren es so viele kartoffelwaschende Affen, daß auch alle übrigen „konservativen" Affen auf einmal auch die Sitte des Kartoffelwaschens übernahmen.

Das Erstaunlichste war allerdings, daß am selben Tag auch alle Affen auf den Nachbarinseln damit begannen, ihre Kartoffeln zu waschen, obwohl sie nichts von ihren Verwandten auf der anderen Insel und ihrer kulinarischen Entdeckung wußten.

Ab einer bestimmten Anzahl von Affen wurde die Erfahrung des Vorteiles des Waschens der Kartoffeln offenbar so stark, daß diese Erkenntnis telepathisch auf allen anderen Affen selbst auf anderen Inseln übersprang, sodaß nun plötzlich alle Affen dieses sinnvolle Verhalten übernahmen. Der Affe, der sozusagen das Faß zum Überlaufen brachte, wurde von den Forschern symbolisch „der 100ste Affe" genannt.

Hier konnten Forscher beobachten, wie eine Erkenntnis nachgeahmt wurde und schließlich zu einem Urbild und Vorbild wurde, das telepathisch zu allen Affen dieser Art hin ausstrahlte. In derselben Weise können auch die inneren Bilder in den Menschen, wenn sie reif genug geworden sind und sich in genügend Menschen entfalten konnten, zu Urbildern werden, die allen Menschen zugänglich sind.

Wenn die Bilder im Inneren eines Menschen telepathisch zu allen Menschen gelangen, die diese Bilder betreffen, dann kann man sich vorstellen, welcher Vielfalt von telepathischen Verbindungen es zwischen den Menschen gibt. Dies betrifft nicht nur solche Fälle, in denen sich jemand wünscht, daß seine Freundin heute doch schon etwas früher kommen möge, sondern auch solche sehr tiefen und emotionalen Bilder wie das Bild der Mutter.

Man kann sich diese telepathischen Botschaften wie Briefe vorstellen – die inneren Bilder sind wie das Geschriebene auf dem

Briefpapier in dem Umschlag, die Person oder die Sache, auf den sich diese Bilder richten, sind wie der Adressat, und die Gefühle, die mit dem Bild verbunden sind, sind wie das Porto. Sind die Gefühle groß genug, ist der Brief ausreichend frankiert, und ist der Adressat klar genug geschrieben, wird er auch genau dort ankommen.

Dieses Konzept der allgemeinen telepathischen Vernetzung der Menschen wurde von C.G. Jung das kollektive Unterbewußtsein genannt. Dieses Bewußtsein beruht nicht auf dem physischen Gehirn wie das individuelle Unterbewußtsein, sondern eben auf der telepathischen Verbindung aller Menschen miteinander. Und es enthält nicht nur die individuellen Bilder eines einzelnen Menschen, sondern logischerweise die Urbilder der Menschheit wie Mutter, Geburt, Tod, Sexualität u.ä. Dieses kollektive Unterbewußtsein ist der Bereich, in dem sich die Mythen und die Gottheiten finden.

Wenn sich in diesem kollektiven Unterbewußtsein, das durch die telepathische Vernetzung der Menschen miteinander entsteht, ein neues Weltbild zu entfalten beginnt und es eine ausreichende Klarheit und Strahlkraft entwickelt, dann wird es die Menschen allgemein inspirieren und die Entwicklung sehr stark beschleunigen – siehe den „100sten Affen".

An der Entstehung dieses Bildes wirken viele verschiedene Menschen mit, die alle ihre Ideen und ihre Lebenswillen und ihre Kreativität in dieses Bild eines erwachsenen Verhaltens der Menschheit legen.

Es ist dieses kollektive Unterbewußtsein, das letztlich den Großteil der Koordination des Warenflusses zwischen den Menschen übernehmen kann. Genaugenommen ist der Name „kollektives Unterbewußtsein" dann nicht mehr ganz zutreffend, da dieses Kollektivbewußtsein mit zunehmender Heilung der eigenen Psyche immer bewußter wird. Spätestens dann, wenn man damit beginnt, auf das Leben zu vertrauen und für alles, was man tut, auch Verantwortung zu übernehmen und dann erlebt, wie sich die Ereignisse sinnvoll zusammenfügen, wird dieses Kollektivbewußtsein oder, wenn man möchte, diese „kollektive Magie" zu etwas völlig Realem geworden sein.

Dieses kollektive Unterbewußtsein hat sich schon immer auch sehr konkret nicht nur als kollektives Weltbild in der Form von Mythen und Gottheiten, sondern auch ganz konkret in Marienerscheinungen u.ä. Wundern gezeigt, aber bisher waren dies immer eher vereinzelte Phänomene.

Seit gut dreißig Jahren zeigt sich die „magische Seite" des kollektiven Unterbewußtseins aber immer massiver und regelmäßiger in der Gestalt der Kornkreise. Dies sind komplexe und bisweilen über 200m lange Muster in Getreidefeldern, die über Nacht ohne menschliche Einwirkung entstehen. Man könnte diesen Vorgang am besten als kollektive Telekinese beschreiben.

Das kollektive Unterbewußtsein beginnt hier zu handeln und ein „Wunder" zu vollbringen, so wie solche Wunder sonst von einzelnen Heiligen, Yogis, Lamas, Schamanen u.a. vollbracht werden.

Falls Sie noch keine Telekinese, also die „Bewegung von Gegenständen durch die Imagination", erlebt haben sollten, können sie das im Folgenden beschriebene Experiment durchführen. Im Internet können Sie auch unter „youtube Telekinese" mehrere Videos dieses Versuches finden. Der Versuch macht übrigens sehr viel Spaß – insbesondere, wenn man es mit einer Gruppe von Freunden durchführt.

Bei diesem Versuch faltet man ein etwa 4x4cm großes Stückchen Papier so, daß es einen ganz flachen „Schirm" bildet, den man dann auf die Spitze einer Nadel legt, die man durch ein Stückchen Pappe gestochen hat. Dadurch hat man nun ein „Papierkarussell", das sich fast ohne Reibung drehen kann. Nun hält man seine Hand neben das Karussell und stellt sich vor, daß sich das Karussell zu drehen beginnt. Viel Spaß damit!

Wenn Sie nun zu den bisherigen Betrachtungen die Telekinese hinzunehmen, ergibt sich nicht nur ein Kollektivbewußtsein, das aufgrund der Telepathie wahrnehmungsfähig ist, sondern das aufgrund der Telekinese auch noch handlungsfähig ist.

Auch diese Fähigkeit können sie in vielen Science-Fiction- und Fantasy-Romanen wiederfinden, die auch in diesem Fall wieder einmal sehr kreativ gewesen sind. Die Menschen auf dem „Planet der Weisen" oder die Elfen in den Fantasy-Romanen haben oft die Fähigkeit, nur durch ihre Gedanken bzw. ihre inneren Bilder, auf die sie sich konzentrieren, sozusagen durch kollektive Magie die „unterentwickelten Menschen" von der Erde von ihren aggressiven Vorhaben abzuhalten. Es sieht so aus, als ob die Fähigkeiten dieser Weisen auch für uns Menschen auf der Erde in näherer Zukunft erreichbar wären.

Diese ganze Entwicklung geht von der Heilung des Einzelnen aus, weshalb es eine typische „Graswurzelevolution" ist.

Normalerweise spricht man von „Graswurzelrevolutionen", d.h. von Revolutionen, die von den einzelnen Bürgern ausgeht und nicht von irgendeinem Machthaber oder Führer gelenkt wird. Es handelt sich hier aber eben nicht um eine Revolution, da es keinen gewaltsamen Umsturz gibt, durch den ein neues, zentral gesteuertes System installiert wird, sondern eben eine auf der Einsicht der Einzelnen beruhende Weiterentwicklung, die zudem nicht zu einem neuen zentral gelenkten System führt, sondern zu einem dezentralen System, in dem sich aber alle des Gesamten bewußt sind.

Wenn das Wort Anarchie nicht so einen schlechten Ruf hätte, könnte man das neue System eine von Verantwortung und Vertrauen getragene Anarchie nennen – in dem Sinne, daß es sich aus der Einsicht der Menschen heraus organisiert und nicht von oben her gelenkt wird.

Auch dies ist ein Merkmal der Weisen in den Science-Fiction- und Fantasy-Romanen: In den Gemeinschaften der Weisen gibt es keine Führer und auch keine Regierung, sondern eben nur die Gemeinschaft.

An die Stelle der zentralen Lenkung oder des Kampfes von jedem gegen jeden wie in der Marktwirtschaft tritt das koordinierende Kollektivbewußtsein.

Wie bereits gesagt, löscht das Kollektivbewußtsein nicht das individuelle Bewußtsein oder die Individualität aus – es ist vielmehr die Wahrnehmung der auch jetzt schon vorhandenen Zusammenhänge und das Handeln aus dieser Erkenntnis heraus. Das Kollektivbewußtsein ist somit im besten Sinne eine Bewußtseinserweiterung oder Wahrnehmungserweiterung. Das Handeln wird durch diese umfassendere Wahrnehmung sinnvoller und effektiver, aber es bleiben dieselben Menschen mit ihren ganz persönlichen Eigenschaften, die innerhalb dieses Kollektivbewußtseins die Handelnden sind.

Auch das Kollektivbewußtsein scheint bereits als Urbild vorhanden zu sein, denn es hat sich in den letzten Jahrzehnten zumindest in einer materiellen Variante konkretisiert: das Internet. Dies ist zwar eine rein technische Version der möglichen Koordination zwischen allen Menschen, aber auch schon sehr nützlich. Das Kollektivbewußtsein, das durch Telepathie und Telekinese aktiv ist, ist natürlich deutlich leistungsfähiger, da es nicht nur bewußt eingegebene und abgefragte Informationen weitergibt, sondern auf der Gesamtheit der inneren Bilder beruht und nicht nur den Informationsaustausch ermöglicht, sondern auch Begegnungen und Umstände und Ereignisse herbeiführen kann.

Das bedeutet natürlich nicht, daß sich nicht auch übers Internet sinnvolle Begegnungen ergeben können – schließlich mischen die Telepathie und das Kollektivbewußtsein auch bei der Benutzung des Internets mit.

Es gibt eine Vielzahl von Ansätzen zur Weiterentwicklung unserer Kultur und insbesondere unserer Wirtschaftsweise – von Alternativgeld und Schenkungsgemeinschaften über technische Neuerungen bis hin zu der staatlichen Förderung alternativer Energien.

Da noch niemand weiß, wie das neue Wirtschaftssystem genau

funktionieren wird und man auch nur ungefähr sagen kann, welche Qualitäten es haben muß, ist es sinnvoll, alle Ansätze miteinander zu kombinieren und zu schauen, was sich daraus nach und nach entwickelt. Je mehr Ansätze vorhanden sind, umso erfreulicher – schließlich ist die Weltwirtschaft inklusive Technik und Industrie ein sehr komplexes System, daß niemand mehr in allen Aspekten überschauen kann.

Man kann allgemein sagen, daß das neue System auf der Kooperation aufbaut, daß es die Erde als Ganze betrachtet, daß es nach Lösungen sucht, die dauerhaft sind und niemandem schaden, daß es viele Grenzwerte geben wird, die beachtet werden müssen, daß sie technische Neuerungen enthalten wird, daß in ihm die spirituell-magischen Fähigkeiten wieder ihren Platz erhalten werden (die vom Materialismus ignoriert worden sind), daß in ihm die Heilung des Einzelnen und die Wertschätzung der Individualität einen hohen Wert haben werden, daß es in ihm eine große Toleranz der Andersartigkeit geben wird, die vor allem als Bereicherung angesehen wird ...

Aber man weiß natürlich noch nicht, wie das dann ganz konkret aussehen wird – wobei auch hier wieder anzunehmen ist, daß ein eher buntes Bild und nicht ein einfarbiges entstehen wird.

8. Das Geschenk, das auf uns wartet

Zunächst einmal ist die Heilung der Psyche schon ein großer Wert an sich – vielleicht der größte überhaupt.

Aus der Heilung der Psyche folgt die Heilung von Beziehungen – so wie in die Psyche die Wahrheit nun von der inneren Wahrheit des Betreffenden geprägt wird, so kehrt auch die Wahrheit in die Beziehungen ein. Stellen Sie sich einmal eine Beziehung vor, in der man nichts vor dem Partner zu verbergen braucht, sondern in der alle Wünsche und Erfahrungen da sein dürfen ...

Dies werden dann Beziehungen sein, in denen jeder den anderen darin fördert, daß zu tun, was er eigentlich will – und in der jeder tut, was er wirklich will. Dies bedeutet keineswegs Rücksichtslosigkeit, sondern einfach Aufrichtigkeit. All die Wünsche und Erfahrungen und Süchte und Ängste sind auch nun schon da und sie wirken immerfort in jeder Beziehung – wie es vermutlich jeder schon erlebt hat.

Das Neue ist nur, daß man die eigene Psyche offenlegt und daher die Ängste und Süchte nach und nach heilen kann – und nicht mehr ihr Opfer ist, weil man sie nicht sehen will und sie aber trotzdem wirken.

Dieses Offenheit und Aufrichtigkeit ist nicht einfach, aber man kann sich an sie gewöhnen und dann ist sie sehr wohltuend.

Die Grundhaltung der Wahrhaftigkeit in allen Dingen hat auch zur Folge, daß man nur noch das tut, was man tatsächlich tun will. Dies bedeutet, daß man das, was man am besten kann und am liebsten tut, der Gemeinschaft gibt. Man macht in gewisser Weise sich selber und das eigene Leben der Gemeinschaft zum Geschenk – und erhält selber die Gemeinschaft als Geschenk ...

Ein wesentlicher Aspekt ist natürlich auch die Fülle, die auf verschiedene Arten entsteht:

> Zunächst entsteht die Fülle ganz grundlegend dadurch, daß man sich nicht mehr als ein Mangelwesen erlebt, das etwas von außen braucht, um glücklich zu sein, sondern als

ein kreatives und strahlendes Wesen, das sein Glück ganz einfach darin findet, sich selber treu zu sein und sich in jeder Situation auszudrücken und zu erleben.

Dann entsteht die Fülle auch dadurch, daß durch die „telepathische Koordination" die Dinge dorthin gelangen, wo sie am meisten gebraucht werden.

Schließlich gibt es noch den materiell verursachten Aspekt der Fülle, der auf verschiedene Arten entsteht:

durch die weit größere freie Zeit, die dadurch entsteht, daß nur noch haltbare Waren hergestellt werden,

durch die allgemeine Bereitschaft, einen Teil der Dinge gemeinsam zu benutzen,

durch die sinnvollere Art der hergestellten Produkte wie gesunde Lebensmittel und angenehme Wohnungen,

durch die gleichmäßigere Verteilung der Waren auf die verschiedenen Länder,

durch die Begrenzung der Bevölkerung aufgrund der Einsicht, daß nur für eine bestimmte Anzahl Menschen Platz auf diesem Planeten ist,

durch Einsparungen vor allem in der Rüstung, wodurch Arbeitskraft frei wird, die Waren herstellen kann, die nicht „verbraucherneutral" sind wie die Waffen der Armee, sondern die „benutzte Waren" wie Brot und Möbel sind.

Schließlich wird die Fülle auch noch dadurch größer, daß man durch die Heilung der eigenen Psyche aufhört, einen inneren Mangel z.B. an Geborgenheit durch Schokolade auszugleichen oder einen Mangel an Selbstwertgefühl durch einen knallroten Porsche.

Durch diese Fülle entsteht unter anderem auch ein sehr viel größerer Freiraum, in dem man kreativ werden kann oder einfach mit Freunden zusammen ist oder zu zweit Zeit für das Liebesspiel hat, das sonst vielleicht allzuoft zu kurz kommt.

Allein der Umstand, daß man ein Leben in Vertrauen führen kann, ist schon ein so großer Wert, daß es sich allein dafür lohnen würde, diese Verwandlung unseres derzeitigen Wirtschaftssystems anzustreben – wobei das neue Wirtschaftssystem sich sozusagen nebenher aus der veränderten Weltanschauung ergibt.

Es ist keineswegs so, daß das hier entworfene Bild eine ferne Utopie ist, denn viele dieser Entwicklungen haben bereits begonnen oder sind schon weiter fortgeschritten:

der Umweltschutz ist ein inzwischen allgemein akzeptierter Wert,

am Sinn der Abrüstung zweifelt auch kaum noch jemand,

Therapien sind inzwischen gesellschaftsfähig und ihre Notwendigkeit auch zumindest in weiten Teilen der Bevölkerung anerkannt, es gibt seit der Zeit der Hippies eine große Zahl von Beziehungsexperimenten, weil viele Paare mit den Beziehungsmustern ihrer Eltern nicht mehr zufrieden sind,

spirituelles Streben wird mittlerweile auch in zunehmendem Maße als eine sinnvolle Einstellung angesehen – der Materialismus war ja bisher die einzige Phase, in der versucht worden ist, die magisch-religiösen Zusammenhänge in der Welt auszuklammern (weil man sie zunächst nicht beobachten und messen konnte).

Es gibt also Grund zur Hoffnung. Und es gibt auch keinen anderen sinnvollen Weg, als nach der Heilung der eigenen Psyche zu streben – die dann sozusagen nebenher auch heile Beziehungen und das neue, ökologisch-spirituelle Weltbild entstehen lassen wird, daß durch die kollektive Vision von einem Leben in Fülle geprägt sein wird.

9. Womit anfangen?

Sind Sie geneigt zu fragen, wie diese ganze Entwicklung nun einmal ganz praktisch gesehen vonstatten gehen soll? Dies ist die wesentliche Frage – da stimme ich Ihnen sofort zu. Aber ich kann diese Frage nicht generell beantworten, sondern Ihnen nur meinen eigenen Ansatz schildern. Den eigenen Ansatz zur eigenen Heilung, zu Entdeckung einer lebendigen Weise, Beziehungen zu leben, und schließlich zur Mitentwicklung eines neuen Wirtschaftssystems muß jeder für sich selber entdecken.

Mein eigener Weg zu den oben geschilderten Ansichten, Gedanken und Ideen stammt in den ersten Ansätzen aus meiner Zeit auf der Höheren Handelsschule, dann aus meinen zwanzig Jahren als Mitinhaber eines Bioladens, aus meinen Erfahrungen als Vorstand in selbstverwalteten Studentenhäusern, aus meiner Mitgliedschaft im Verbund freier Unternehmen, in der vorwiegend anthroposophische Unternehmer nach menschlichen Wirtschaftsformen gesucht und sie erprobt haben; meine Ansichten stammen auch aus meiner inzwischen dreißigjährigen Tätigkeit als Lebensberater und Astrologe, aus den verschiedensten psychologischen Richtungen wie Familienaufstellungen und Körpertherapien sowie aus den verschiedensten Religionen wie dem tibetischen Buddhismus, der altägyptischen Religion und der indianischen Tradition, und schließlich ebenfalls dreißigjährigen Erforschung der Magie und der Meditation und ihren vielen Möglichkeiten wie Telepathie, Telekinese, Feuerlaufen, Trancereisen - und nicht zuletzt aus vielen Begegnungen mit Menschen, die ebenfalls auf der Suche sind.

Wenn Sie sich detaillierter für meinen eigenen Weg zu den in diesem Buch dargestellten Ansichten interessieren, können Sie auf meiner Website Harry.Eilenstein@web.de eine ausführliche Biographie und eine ganze Reihe von Artikeln über die verschiedensten Themen finden.

Sie werden dort kein Rezept für den „Übergang das Neue Zeitalter" finden – aber vielleicht einige weitere Anregungen.

10. Weiterentwicklung

Dieses Kapitel möchte ich nicht selber schreiben, sondern das Schreiben Ihnen überlassen. Überlegen sie einmal, was Sie von den Gedanken und Visionen in den vorigen Kapiteln halten und schreiben Sie vielleicht einmal Stichpunkte dazu auf. Oder notieren Sie kurz, was Sie sich selber zu diesem Thema schon einmal überlegt haben oder von anderen gehört haben. Und schauen Sie, was von dem allem Sie am meisten inspiriert.

Betrachten Sie dann einmal eine Weile lang das, was Sie inspiriert hat und schauen Sie einmal, ob daraus irgendwelche Impulse entstehen. Lassen Sie sich Zeit dafür – und wenn keine Impulse auftauchen, ist es auch gut.

Es geht nicht um Disziplin oder Moral oder Regelungen, sondern um Einsicht und um Vorfreude auf mehr Lebendigkeit. Wenn irgendein Gedanke oder ein Bild eins von diesen beiden in Ihnen wecken sollte, lassen Sie es in sich wachsen, folgen Sie seiner Entfaltung und schauen Sie, was geschieht ...

Und nun – falls Sie möchten – können Sie ein weiteres Kapitel in Stichpunkten schreiben ... es sind noch ein paar Seiten Platz ...

Folgen Sie in Ihrem Leben nicht den Ausführungen in diesem Buch oder dem Rezept in irgendeinem anderen Buch, sondern schauen Sie, was sie an Frühlingswind erinnert, an Sonnenaufgang, schauen Sie, worin sie Weite spüren und ein Aufatmen – folgen Sie diesem Bild, dieser Idee, diesem Gefühl in Ihnen. Das wird Ihnen helfen, ihren Weg zu finden, ihren Anteil an der Weiterentwicklung unserer Gesellschaft und unseres Wirtschaftssystems.

Nun, haben Sie einen Stift zu Hand? Dann kann es losgehen: